Género Ficción realista

¿? **Pregunta esencial**

¿Qué sonidos escuchas?
¿De dónde vienen?

Mi instrumento favorito

Amy Helfer

ilustrado por Michelle Dorenkamp

LECTURA COMPLEMENTARIA

Marco iba de camino a su salón, por la larga galería. En la entrada del salón de música vio un letrero.

—*Entra en la banda* —leyó.

Marco entró al salón.

—Señor Chin, ¿puedo entrar en la banda? —le preguntó Marco al maestro de música.

—¡Claro! —dijo el señor Chin—. ¿Qué instrumento quieres tocar?

Marco no sabía cuál tocar.

—Tócalos todos y decide después —dijo el maestro.

Marco se sentó y tocó el bongó. Parecía fácil.

Lo tocó despacio. Luego, lo tocó más fuerte. Sonaba gracioso. Pero no era lo que Marco quería.

AHORA COMPRUEBA

¿Por qué está Marco tocando varios instrumentos?

—¿Qué tal la pandereta? —dijo el maestro Chin.

Marco agitó la pandereta. Pero no le gustó mucho.

—Trata nuevamente —dijo el maestro.

—Otro día —le contestó Marco.

Luego tocó el triángulo. Era como tocar una campanita.

Marco lo tocó durante unos segundos. Pero no le gustó.

Marco tomó unas maracas. Le gustó la manera como sonaban.

—Todavía hay un instrumento más —le dijo el maestro.

AHORA COMPRUEBA

¿Le gustaron las maracas a Marco? ¿Quedan más instrumentos?

Eran los platillos. Marco los hizo sonar bien fuerte.

—¡Ya encontré un instrumento para mí! —dijo Marco.

Detective del lenguaje	¿Qué onomatopeya encuentras en esta página?

Marco le dijo adiós al maestro.

Ya había visto todo lo que necesitaba.

Marco ya sabía qué instrumento iba a tocar en la banda.

AHORA COMPRUEBA

¿Qué instrumento va a tocar Marco? Si no lo recuerdas, vuelve a leer la página 8.

Al día siguiente, Marco llegó a la sala. Ya no había instrumentos.

Los niños los tenían todos.

¡Los platillos también!

¿Cómo iba tocar en la banda?

El maestro Chin lo tranquilizó.

—No pasa nada. Pueden compartir los platillos —dijo.

Y Marco tocó con la banda.

Detective del lenguaje

¿A quién se refiere el pronombre lo?

Respuesta a la lectura

Volver a contar

Vuelve a contar *Mi instrumento favorito* con tus propias palabras.

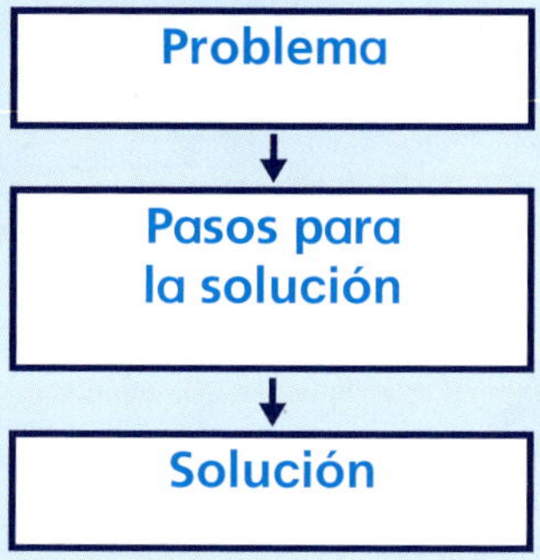

Evidencia en el texto

1. ¿Qué problema tiene Marco al principio del cuento?
   Problema y solución

2. ¿Cómo resuelve Marco su problema? **Problema y solución**

3. ¿Cómo sabes que *Mi instrumento favorito* es un cuento de ficción realista? **Género**

Género Instrucciones

Compara los textos

Lee para aprender a hacer tus propias maracas.

Maracas para todos

A. Chederros/Alamy Stock Photo

Sigue las instrucciones para hacer tus maracas.

Paso 1 Usa dos botellas de plástico vacías.
Deben estar limpias y secas.
Quítales las etiquetas.

Paso 2 Pon un poco de arroz o frijoles en las botellas.
Si quieres, usa un embudo.

Paso 3 Tapa las botellas.
Deben quedar bien tapadas.

Paso 4 Decora las maracas a tu gusto.
Usa calcomanías, pintura o cintas de colores.
¡Ya puedes tocar las maracas!

Haz conexiones

Mira ambas selecciones. ¿En qué se parecen las maracas y los platillos? ¿En qué se diferencian? **El texto y otros textos**

Enfoque:

Ciencias

Propósito Clasificar sonidos

Paso a paso

Paso 1 Piensa en los sonidos que escuchas a tu alrededor.

Paso 2 Haz una tabla como esta.

Sonidos suaves	Sonidos fuertes

Paso 3 Completa la tabla con dos sonidos suaves y dos sonidos fuertes.

Conclusión Conversa con la clase sobre los sonidos que escuchas.